Gabriele Rescher

Fix & lecker

Die besten
20-Minuten-Rezepte

Aldidente

Eichborn

1 2 3 4 07 06

Umschlaggestaltung: Christiane Hahn und Christina Hucke
Lektorat: Oliver Thomas Domzalski
Reihenlayout: Cosima Schneider
Illustrationen: Irma Schick
Gesamtherstellung: Fuldaer Verlagsanstalt, Fulda

ISBN 3-8218-6001-4

Verlagsverzeichnis schickt gern:
Eichborn Verlag, Kaiserstraße 66, 60329 Frankfurt am Main
www.eichborn.de

Inhaltsverzeichnis

Fixe Hauptgerichte (Fisch-, Fleisch-, Eier- und Nudelgerichte) 34

Nachspeisen und Desserts 54

Vorwort

Oft muss es schnell gehen im Leben – das gilt auch für die Küche. Wenn man später als gedacht von der Arbeit kommt; wenn überraschend Gäste vor der Tür stehen; wenn man vor dem Ausgehen noch etwas Leckeres zaubern will, ohne stundenlang in der Küche zu stehen.

In erster Linie ist zeitsparendes Kochen eine Frage der Planung und der klugen Vorratshaltung.

Übrigens: Oft sind zeitsparende Kochtricks auch gesund. So ist das Dünsten die mit Abstand gesündeste und zeitsparendste Garmethode, bei der Gemüse, Fleisch, Fisch, Geflügel oder Obst im eigenen Saft mit wenig Fett oder Zugabe von Flüssigkeit zubereitet werden. Das Essen zerkocht nicht, der Geschmack bleibt erhalten und die Nährstoffe gehen nicht verloren.

Um das Tempo in der Küche zu erhöhen, gibt es zahlreiche praktische Helfer. Leider ist der Schnellkochtopf in den letzten Jahren ziemlich in Vergessenheit geraten. Er sollte jedoch in keiner Küche fehlen, denn hiermit kann man Gemüse und Fleisch in extrem kurzer Zeit garen, sogar ohne Zugabe von Fett. Und: Mit diesem Topf sparen Sie nicht nur Zeit, sondern auch ca. 70 Prozent Energie. Das Aroma der Speisen ist zudem viel intensiver. Auch Edelstahltöpfe sind sehr zu empfehlen, weil mit ihnen ohne Fett und ohne Zugabe von Flüssigkeit gegart werden kann.

Eine weitere Möglichkeit des zeitsparenden Zubereitens ist das Backen in Alufolie. Streichen Sie die Folie immer von innen mit Öl ein, bevor Sie Fleisch oder Fisch darin einwickeln. Soll das Gericht gebräunt werden, dann öffnet man die Folie zum Ende des Garvorganges. Diese Garmethode birgt sogar zwei Vorteile: Man muss das Essen nicht beaufsichtigen und spart das lästige Abwaschen von Töpfen und Pfannen.

Für unangemeldete Besucher sollten Sie immer einen Vorrat an Lebensmitteln im Haus haben. Folgende Lebensmittel eignen sich gut zur Vorratshaltung und sollten bei einer guten Köchin immer vorhanden sein: Nudeln, Reis, Kartoffelfertigprodukte, Tütensuppen, Instantsaucen, Obst- und Gemüsekonserven, Tomatenketchup, Brötchen. (Diese Liste lässt sich natürlich beliebig erweitern.)

Nutzen Sie die Möglichkeiten Ihres Gefrierschrankes – aber achten Sie unbedingt auf die Lagerzeiten der eingefrorenen Lebensmittel. Auch Teig lässt sich gut einfrieren. Haben Sie an einem Tag mal mehr Zeit und wollen einen Kuchen backen, dann stellen Sie ruhig mal ein wenig Teig für einen späteren Kuchen auf Vorrat her.

Alle Rezepte sind, wenn nicht anders angegeben, für 4 Personen berechnet.

Zutaten, die es nicht oder nicht immer beim Discounter gibt, sind *kursiv* gesetzt.

Gabriele Rescher, im November 2005

Kleine Gerichte
(Vorspeisen, Suppen, Salate)

Bananen-Camembert-Toast

150 g Camembert
100 g Butter
4 Scheiben Toastbrot
1 kleine Banane
Saft einer halben Zitrone
20 g Mandelstifte
16 abgetropfte Kirschen aus dem Glas
16 Mandarinenschnitze

Vorbereitungszeit: 15 min.

Vorsichtig die Schimmelschicht vom Camembert abkratzen. Dann den Käse durch ein Sieb streichen und mit der weichen Butter zu einer cremigen Masse verrühren. Das Toastbrot toasten, entrinden, halbieren und mit der Camembertcreme bestreichen. Die Banane schälen, in dicke Scheiben schneiden und mit Zitronensaft beträufeln. Anschließend die Bananenscheiben auf das Brot verteilen. Mit Mandelstiften, Kirschen und Mandarinen garnieren und die Toasts auf einer Platte anrichten.

Dazu reicht man einen trockenen Weißwein.

Tipp:
Sehr lecker schmeckt dieser Toast auch mit Pfirsich- statt Bananenscheiben.

Bockwurst in Blätterteig

1 Paket Blätterteigscheiben (TK)
4 Bockwürste
1 Eigelb
Salz

Vorbereitungszeit: 10 min.
Zubereitungszeit: 15 min.

Den Backofen auf 220° C vorheizen.

4 Blätterteigscheiben nebeneinander legen und 10 Minuten auftauen lassen. Dann je eine Bockwurst in eine Teigscheibe einrollen. Das Eigelb mit einer Prise Salz verquirlen und die Oberseite der Teigrolle damit bestreichen. Die Blätterteigwürste auf ein mit Backpapier ausgelegtes Backblech legen und ca. 10 Minuten lang aufbacken. Ganz heiß servieren.

Tipp:
Die Blätterteigplatten mehrmals mit einer Kuchengabel einstechen, damit der Teig gleichmäßig aufgeht.

Bruschetta

4 große Strauchtomaten
1/2 Bund Basilikum
1/2 Bund Petersilie
1 Knoblauchzehe
Salz, Pfeffer
8 Scheiben Weißbrot
4 EL Olivenöl

Zubereitungszeit: 10 min.

Die Tomaten waschen und in kleine Würfel schneiden. Basilikum und Petersilie grob hacken. Die Knoblauchzehe pellen. Die Tomatenwürfel und Kräuter in einer Salatschüssel miteinander vermengen. Anschließend den Knoblauch hineinpressen und alles mit Salz und Pfeffer abschmecken. Die Weißbrotscheiben toasten und mit Olivenöl beträufeln. Dann die Tomatenmischung auf dem Toastbrot verteilen und sofort servieren.

Tipp:
Bruschetta ist eine italienische Vorspeise, eignet sich aber auch gut als Snack zu einem Glas Rotwein.

Spinatröllchen

1 Pckg. Blattspinat (TK)
1 Pckg. Kochschinken
4 Scheiben Gouda
geriebener Parmesankäse
etwas Fett für die Form

Vorbereitungszeit: 5 min.
Zubereitungszeit: 15 min.

Den Spinat über Nacht (oder notfalls in der Mikrowelle) auftauen.

Den Backofen auf 200° C vorheizen.

Den Spinat gut ausdrücken. Auf jede Scheibe Schinken eine Scheibe Käse legen. Darauf etwas Spinat verteilen und zusammenrollen. Eine Auflaufform großzügig einfetten und die Röllchen hineinlegen. Den restlichen Spinat um die Röllchen herum verteilen. Mit Parmesan bestreuen und im Backofen 15 Minuten überbacken.

Dazu reicht man Fladen- oder Stangenweißbrot.

Tipp:

Tiefkühl-Spinat ist sehr viel gesünder als frischer Spinat. Während des Tiefgefrierens wird das Eisen aus den Eiweißverbindungen gelöst. Daher kann es sehr viel besser durch die Darmwand ins Blut gelangen. Das gilt auch für die Vitamine der B-Gruppe. Zudem enthält TK-Spinat mehr Vitamin C als frischer Spinat.

Achtung

Spinat rechtzeitig auftauen!

Avocado-Cocktail

400 g Shrimps
2 Avocados
1 EL Zitronensaft
100 g deutscher Kaviar zum Garnieren
frische Dillzweige zum Garnieren

Für die Vinaigrette:
1 EL Weißweinessig
1 EL Wasser
1 Prise Salz
Pfeffer
1 TL gehackte Zwiebeln
3 EL Salatöl

Zubereitungszeit: 20 min.

Die Shrimps auf 4 Cocktailgläser verteilen. Die Avocados in Hälften zerteilen, das Fruchtfleisch mit einem Teelöffel herauslösen, mit Zitronensaft beträufeln und in kleine Stücke schneiden. Pro Glas das Fleisch einer Avocadohälfte über die Shrimps geben. Die Zutaten für die Vinaigrette gründlich miteinander verrühren und auf die Avocadococktails verteilen. Mit einem Kaviarklecks und frischen Dillzweigen garnieren.

Tipp:
Avocado reifen schneller, wenn man sie in eine Schüssel mit Mehl legt oder sie an einem hellen und warmen Ort aufbewahrt. Es muss darauf geachtet werden, dass die Frucht außen keine braunen Stellen bekommt.

Katerfrühstück

300 g eingelegte Heringe
1 rote Paprikaschote
1 grüne Paprikaschote
4 kleine Tomaten
100 g Mayonnaise
1/2 TL edelsüßer Paprika
1 Prise Zucker
4 EL *Schnittlauchröllchen zum Garnieren*

Zubereitungszeit: 15 min.

Die Heringe aus der Tunke nehmen und in kleine Stücke schneiden. Mit den Zwiebeln aus dem Heringsglas mischen. Die Paprikaschoten vierteln, entkernen und in feine Streifen schneiden. Die Tomaten waschen und in Achtel schneiden. Beides mit den Heringen vermischen und in 4 Schälchen füllen.

Für die Sauce ca. 4 EL Marinade aus dem Heringsglas mit der Mayonnaise, dem edelsüßen Paprika und dem Zucker verrühren und über den Salat geben. Vor dem Servieren mit Schnittlauchröllchen bestreuen.

Dazu reicht man dunkles Vollkornbrot.

Tipp:
Dieses Rezept lässt sich auch gut mit Matjes-Heringen anrichten.

Gefüllte Tomaten

4 Eier
200 g Erbsen aus der Dose
8 Fleischtomaten
Salz, Pfeffer
4 Frühlingszwiebeln
250 g Fleischwurst
5 EL Joghurt
3 EL Salatmayonnaise
1 Spritzer Zitronensaft
edelsüßer Paprika

Zubereitungszeit: 20 min.

Die Eier hartkochen, abkühlen lassen, pellen und hacken. Die Erbsen gut über einem Sieb abtropfen lassen. Die Tomaten waschen und jeweils einen Deckel abschneiden. Das Fruchtfleisch vorsichtig mit einem Teelöffel auslöffeln und zerkleinern. Die Tomaten von innen salzen. Die Frühlingszwiebeln putzen und in dünne Scheiben schneiden. Die Fleischwurst aus ihrer Pelle lösen und in kleine Würfel schneiden. Dann die gehackten Eier, Erbsen, Tomatenfruchtfleisch, Zwiebelscheiben und Wurstwürfel miteinander vermengen. Das Ganze in die Tomaten füllen und die Deckel wieder aufsetzen.

Anschließend den Joghurt mit der Mayonnaise verrühren und mit Zitronensaft, Salz, Zucker, Pfeffer und Paprikapulver abschmecken. Die Salatsauce separat zu den gefüllten Tomaten servieren.

Tipp:
Tomaten sollten immer an einem kühlen, aber nicht zu kalten Ort aufbewahrt werden, niemals jedoch im Kühlschrank, denn sie sind sehr empfindlich gegen Kälte und verlieren schnell ihr Aroma.

Kalte Rote-Rüben-Suppe

2 mittlere Gläser Rote Rüben
125 ml Saft von einem Glas Salzgurken
20 g Grieß
1 Eigelb
1/8 l Saure Sahne
Salz, Pfeffer
2 hartgekochte Eier

Vorbereitungszeit: 8 min.
Zubereitungszeit: 12 min.

Diese Suppe hat ihren Ursprung in Polen, und Kenner schätzen diese polnische Spezialität sehr. Sie eignet sich besonders gut für heiße Sommertage.

Die roten Rüben über einem Sieb abgießen und dabei den Saft auffangen. Die Hälfte der Roten Rüben in kleine Würfel schneiden. Den Rest zurück in den Kühlschrank stellen. Dann 500 ml Rüben- und 125 ml Gurkensaft aufkochen und den Grieß einrühren. Etwa 8 Minuten köcheln lassen. Anschließend etwas Suppe abschöpfen und mit dem Eigelb und der Sauren Sahne verrühren. Das Ganze wieder in die Suppe geben und alles ganz kurz aufkochen lassen. Vom Herd nehmen, die Rübenwürfel hinzufügen und mit Salz und Pfeffer würzen. Abkühlen lassen und bis zum Servieren in den Kühlschrank stellen. In Suppentassen mit Ei-Scheiben garniert servieren.

Tipp:
Die polnische Küche kennt viele Suppen. Erwähnenswert sind vor allem: Ogórkowa (Salzgurkensuppe), Krupnik (Graupensuppe), Kapuśniak (Kohlsuppe) und Botwinka (Suppe aus jungen Rote-Bete-Pflanzen).

Einbrennsuppe mit Ei

4 Knoblauchzehen
2 Suppenwürfel
1/4 TL Kümmel
etwas Liebstöckel
1 l Wasser
3 EL Öl
2 EL Mehl
1 EL gehackte Petersilie
4 Eier
Salz, Pfeffer
4 Scheiben in Würfel geschnittenes Schwarzbrot

Vorbereitungszeit: 5 min.
Zubereitungszeit: 15 min.

Die Knoblauchzehen schälen und zerdrücken. Zusammen mit den Suppenwürfeln, Kümmel und dem Liebstöckel in das Wasser geben und ca. 10 Minuten kochen. Aus Öl und Mehl eine helle Mehlschwitze zubereiten. Die gehackte Petersilie kurz mitrösten. Alles mit einem Schneebesen in die Suppe einrühren und aufkochen lassen. Dann die Suppe vom Herd nehmen und sofort die Eier mit dem Schneebesen einrühren. Mit Salz und Pfeffer abschmecken.

Die Schwarzbrotstückchen in einer beschichteten Pfanne anrösten und beim Servieren über die Suppe streuen.

Tipp:
Mehlschwitze klumpt nicht, wenn man vor dem Einrühren des Mehl etwas Salz in die zerlassene Butter oder Margarine gibt.

Französische Zwiebelsuppe

700 g Zwiebeln
2 EL Öl
2 EL Mehl
1 1/2 l Gemüsebrühe
1/2 Glas Weißwein
Salz, Pfeffer
4 Toastscheiben
120 g geriebener Käse

Vorbereitungszeit: 10 min.
Zubereitungszeit: 10 min.

Den Backofen auf 200° C vorheizen.

Die Zwiebeln schälen, in Scheiben schneiden und in einem Topf mit heißem Öl goldbraun anbraten. Dann das Mehl unterrühren und mit der heißen Brühe und dem Weißwein ablöschen. Anschließend das Ganze aufkochen lassen und mit Salz und Pfeffer abschmecken. Pro Person 1 Scheibe Toast rösten. Die Suppe in feuerfeste Tassen füllen, den Toast vorsichtig auf die Suppe legen und mit Käse bestreuen. Nun die Suppentassen in den Backofen stellen, bis der Käse Blasen schlägt.

Tipp:
Hat man eine größere Menge Zwiebeln gekauft und benötigt nicht alle für die Zubereitung, bewahrt man die restlichen in einem Vorratsgefäß auf und legt eine Scheibe trockenes Brot oder ein altbackenes Brötchen dazu. So keimen die Zwiebeln nicht so schnell.

Milchsuppe mit Nudeln

200 g Hörnchennudeln
1 l Milch
50 g Zucker
1 Päckchen Vanillezucker
etwas geriebene Zitronenschale
1 Prise Salz
1 EL Stärkemehl
2 Eigelb

Vorbereitungszeit: 10 min.
Zubereitungszeit: 10 min.

Diese Suppe kann man auch sehr gut kalt genießen. Die Nudeln nach Packungsanweisung ohne Salz kochen, dann abgießen und mit kaltem Wasser abschrecken. In der Zwischenzeit ca. 4 EL von der Milch abnehmen. Die restliche Milch mit Zucker, Vanillezucker, Zitronenschale und Salz bei wenig Hitze aufkochen. Anschließend das Stärkemehl mit der kalten Milch verrühren und in die kochende Milch geben. Vom Herd nehmen und die Eigelb in die heiße Suppe rühren. Zum Schluss die Nudeln unterheben.

Tipp:
Statt Stärkemehl kann man auch eine Packung Vanillesauce oder -pudding nehmen.

Schnelle Kartoffelsuppe

3 Zwiebeln
100 g geräucherter Speck
Öl zum Anbraten
1 1/2 l Instant-Gemüsebrühe
200 g Kartoffelpüreeflocken
1 Knoblauchzehe
Salz, Pfeffer
Majoran
Kümmel
Paprikapulver
4 Bockwürste
1 Bund frische Petersilie

Vorbereitungszeit: 10 min.
Zubereitungszeit: 10 min.

Die Zwiebeln schälen und in Würfel schneiden. Den Speck ebenfalls würfeln und mit den Zwiebeln in einer Pfanne in heißem Öl anbraten. Inzwischen die Brühe in einem Topf zum Kochen bringen und dann die Kartoffelpüreeflocken einrühren. Den Knoblauch schälen und hacken und zusammen mit dem Speck und den Zwiebeln in die Suppe geben. Mit Salz, Pfeffer, Majoran, Kümmel und Paprikapulver würzen. Die Bockwürste in Scheiben schneiden, kurz in der Suppe heiß werden lassen und dann alles vom Herd nehmen. Zum Schluss die Petersilie waschen, trockenschütteln und feinhacken. Die Suppe in Suppentassen füllen und mit der gehackten Petersilie garniert servieren.

Tipp:
Mit frischen Kartoffeln schmeckt diese Suppe natürlich noch mal so gut. Dazu einfach die geschälten und in kleine Stücke geschnittenen Kartoffeln in der Brühe garen und mit dem Kartoffelstampfer anschließend zerstampfen

Schneller Erbseneintopf

2 Zwiebeln
200 g durchwachsener Speck
2 EL Olivenöl
2 Dosen Erbsen
1/2 l Instant-Gemüsebrühe
geriebener Majoran
Salz, Pfeffer
4 Wiener Würstchen

Vorbereitungszeit: 5 min.
Zubereitungszeit: 10 min.

Die Zwiebeln schälen und zusammen mit dem Speck in Würfel schneiden. Das Olivenöl in einer Pfanne erhitzen, die Zwiebeln darin goldgelb dünsten, dann die Speckwürfel hinzufügen und knusprig ausbraten. Vom Herd nehmen und beiseitestellen.

Die Erbsen in einen Topf füllen und die Gemüsebrühe aufgießen, alles unter Rühren erwärmen. Geriebenen Majoran nach Geschmack hinzufügen. Mit einer Prise Salz ca. 3 Minuten alles bei geringer Hitze köcheln lassen. Mit dem elektrischen Pürierstab die Erbsen in der Brühe pürieren. Mit Salz und Pfeffer abschmecken. Dann die gesamte Suppe mit den Würstchen nochmals in einem Topf ganz kurz aufkochen lassen. Zum Schluss die Zwiebel-Speck-Mischung unterrühren.

Tipp:
Diese Suppe schmeckt noch kräftiger, wenn man statt der Wiener Würstchen in Scheiben geschnittene Cabanossi dazugibt.

Apfel-Käse-Salat

4 EL Mayonnaise
125 ml Sauerrahm
Saft einer halben Zitrone
2 EL Essig
1 1/2 EL *gehackter Dill*
Salz, Pfeffer
Zucker
250 g Gouda am Stück
400 g Äpfel
125 g *gehackte Walnusskerne*

Zubereitungszeit: 10 min.

Für die Salatsauce Mayonnaise, Sauerrahm, Zitronensaft, Essig und Dill verrühren. Mit Salz, Pfeffer und Zucker abschmecken. Den Gouda in ca. 1 cm dicke Würfel schneiden. Die Äpfel waschen, vierteln, das Kerngehäuse entfernen und in feine Scheiben schneiden. In einer Salatschüssel Käse und Äpfel vermengen und die gehackten Walnusskerne unterrühren. Zum Schluss die Salatsauce vorsichtig unterheben.

Tipp:
Salat-Marinade schmeckt besonders gut, wenn man statt Essig etwas trockenen Wein nimmt.

Schneller italienischer Nudelsalat

250 g bunte Nudeln
1 rote Paprikaschote
250 g Schinken
100 g Salami
2 große Gewürzgurken
Saft einer Zitrone
2 EL Öl
Salz, Pfeffer

Vorbereitungszeit: 10 min.
Zubereitungszeit: 10 min.

Die Nudeln nach Packungsanweisung in gesalzenem Wasser bissfest garen. Anschließend kalt abschrecken und abkühlen lassen. In der Zwischenzeit die Paprikaschote waschen, halbieren, entkernen und in dünne Streifen schneiden. Schinken, Salami und Gurke ebenfalls zu kleinen Streifen verarbeiten. Alles miteinander vermischen. Aus Zitronensaft, Öl, Salz und Pfeffer eine Marinade anrühren. Die gesamten Zutaten miteinander vermengen und gut durchziehen lassen.

Tipp:
Wenn man die Nudeln für den Nudelsalat in Essigwasser kocht, benötigt man kaum zusätzliche Würze für die Marinade.

Staudenselleriesalat mit Cashewnüssen

2 kleine Staudensellerie
4 würzige Äpfel (z.B. Boskoop)
2 Bananen
250 g Cashewnüsse
Kräutersalz
Saft von 1-2 Zitronen
1 Bund Petersilie
evtl. - EL Öl

Zubereitungszeit: 10 min.

Den Sellerie waschen, putzen und in schmale Streifen schneiden. Die Äpfel waschen, vierteln, das Kerngehäuse entfernen und in Spalten zerteilen. Die Bananen schälen und in Scheiben schneiden. Alle Salatzutaten mit den Nüssen in eine Salatschüssel geben, mit dem Kräutersalz bestreuen und mit Zitronensaft abschmecken. Zum Schluss die Petersilie waschen, trockenschütteln, feinhacken, unter die anderen Zutaten mischen und alles gut verrühren. Wer mag, kann noch etwas Öl unterrühren.

Tipp:

Unansehnlich und welk gewordener Sellerie wird wieder frisch, wenn man die Knolle in kaltes Wasser legt und einige rohe Kartoffelscheiben hinzufügt.

Geräucherter Putenbrustsalat mit Mais

250 g geräucherte Putenbrust
1 Apfel
1 große rote Paprikaschote
1 Zwiebel
2 EL Olivenöl
Saft einer halben Zitrone
6 EL Magerjoghurt (0,1 %)
2 EL Kräuteressig
200 g Mais (aus der Dose)
2 EL *Schnittlauchröllchen*

Zubereitungszeit: 10 min.

Die Putenbrust in Streifen schneiden. Den Apfel und die Paprika waschen, halbieren, entkernen und in kleine Würfel schneiden. Die Zwiebel schälen und ebenfalls würfeln. Dann die Putenbruststreifen, die Apfel- und Paprikastücke und die Zwiebelwürfel miteinander vermischen.

Aus Öl, Zitronensaft, Joghurt und Essig eine Marinade anrühren. Zum Schluss Mais und Schnittlauchröllchen unterrühren und alles über den Salat gießen.

Tipp:
Dieses Rezept lässt sich beliebig mit anderen Zutaten wie Champignons, kleinen Erbsen usw. verfeinern.

Chinakohlsalat mit Erdnüssen

1 TL Honig
2 EL Essig
2 EL Öl
3 EL Instant-Brühe
Salz, Pfeffer
Ingwerpulver
250 g Chinakohl
8 Radieschen
1 kleiner Apfel
4 EL Erdnüsse

Zubereitungszeit: 20 min.

Für das Dressing Honig, Essig und Öl verrühren, mit der angerührten Brühe kurz erhitzen, aber nicht kochen. Dann mit Salz, Pfeffer und Ingwerpulver abschmecken und abkühlen lassen.

Den Chinakohl waschen und in mundgerechte Stücke schneiden. Die Radieschen waschen, putzen und in dünne Scheiben schneiden. Große Radieschenscheiben nochmals halbieren. Den Apfel schälen, halbieren, entkernen und in kleine Würfel schneiden. Alle Salatzutaten in einer Schüssel miteinander vermengen und das Dressing unterrühren. Zum Schluss die Erdnüsse in einer beschichteten Pfanne ohne Zugabe von Fett rösten und über den Salat streuen.

Tipp:
Chinakohl ist leicht verdaulich, gehört allerdings zu den nitratreichen Gemüsesorten. Deshalb ist es sehr wichtig, die Blätter gründlich zu waschen.

Fix und vegetarisch

Apfel-Rotkohl-Salat

1 säuerlicher Apfel
1/2 Kopf Rotkohl
100 g Champignons

Für die Marinade:
1 1/2 TL Honig
4 EL Apfelessig
Salz, Pfeffer
1 kleine Zwiebel
6 EL Sonnenblumenöl

Vorbereitungszeit: 10 min.

Den Apfel waschen, halbieren, das Kerngehäuse entfernen und in kleine Stifte zerteilen. Den Rotkohl feinhobeln, die Champignons waschen, putzen und in Scheibchen schneiden. Die Zwiebel pellen und feinwürfeln. Anschließend aus Honig, Essig, den Gewürzen und den Zwiebelstückchen eine Marinade anrühren und mit den Äpfeln, dem Rotkohl und den Champignons vermischen.

Tipp:
Wenn man den gehobelten Rotkohl 24 Stunden in Essig, Rotwein, wenig Zucker und Apfelstücken einlegt, bleibt er wunderbar rot. Er sollte außerdem an einem kühlen Ort aufbewahrt werden.

Champignon-Gulasch

4 Fleischtomaten
750 g Champignons
2 Zwiebeln
2 EL Speiseöl
1/2 TL *Rosenpaprika*
Salz
1 Tasse Wasser

Vorbereitungszeit: 10 min.
Zubereitungszeit: 10 min.

Die Tomaten kurz in kochendem Wasser blanchieren, unter kaltem Wasser abschrecken und die Haut abziehen. Inzwischen die Champignons waschen, putzen und halbieren. Die Zwiebeln schälen und in feine Würfel schneiden. Die Tomaten ebenfalls würfeln. Nun das Öl in einer Pfanne erhitzen, die Zwiebelwürfel darin glasig dünsten. Dann die Champignons und die Tomatenwürfel zugeben, mit den Zwiebeln vermengen und mit Rosenpaprika und Salz würzen. Das Wasser aufgießen, alles umrühren und ca. 10 Minuten weichdünsten.

Tipp:
Gemahlenes Paprikagewürz wird in verschiedenen Schärfegraden angeboten: *Delikatess-Paprika* ist sehr mild und färbt die Speise mehr, als dass er sie würzt. *Edelsüßer Paprika* zeichnet sich durch würzigen Geschmack und milde Schärfe aus. *Rosenpaprika* ist besonders scharf. Hier wird die ganze Frucht, einschließlich der Samenkörner und Scheidewände, vermahlen.

Rote-Bete-Auflauf

250 g rote Zwiebeln
850 g Rote Bete in Scheiben aus dem Glas
1/4 l Rotwein
2 TL Senf
1 Becher Saure Sahne
1 Bund Schnittlauch
Salz, Pfeffer

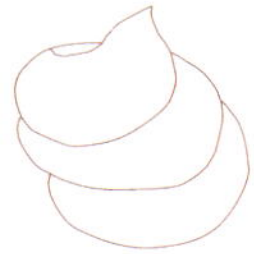

Vorbereitungszeit: 5 min.
Zubereitungszeit: 15 min.

Den Backofen auf 220° C vorheizen.

Zwiebeln pellen und in Ringe schneiden. Die Rote Bete mit den Zwiebelringen in eine Auflaufform schichten. Aus Rotwein, Salz, Pfeffer und Senf eine Sauce anrühren und die Rote Bete damit übergießen. Mit Alufolie abdecken und im Backofen ca. 15 bis 20 Minuten überbacken. In der Zwischenzeit aus Saurer Sahne, Schnittlauchröllchen, Salz und Pfeffer einen Dipp anrühren und vor dem Servieren über den gegarten Auflauf geben.

Tipp:
Zwiebeln können in größeren Mengen vorbereitet werden. Die Zwiebeln dazu vordämpfen oder rösten, anschließend in ein gut verschließbares Glas füllen. So können sie bis zu 4 Wochen im Kühlschrank aufbewahrt werden. In Fett gedämpfte Zwiebeln halten sich in der Gefriertruhe gut verpackt bis zu 6 Monate.

Knoblauch-Suppe

10 Knoblauchzehen
1 große Zwiebel
Öl zum Braten
150 ml Weißwein
550 ml Instant-Gemüsebrühe
350 ml Schlagsahne
Salz, Pfeffer

Vorbereitungszeit: 5 min.
Zubereitungszeit: ca. 15 min.

Die Knoblauchzehen pellen und in kleine Scheiben schneiden. Die Zwiebeln schälen, in Stifte zerteilen und zusammen mit den Knoblauchscheiben in einem Topf in etwas Öl ca. 2 Minuten andünsten. Mit dem Weißwein ablöschen und 2 Minuten offen köcheln lassen. Dann die angerührte Gemüsebrühe und die Sahne zufügen und nochmals ca. 10 Minuten köcheln lassen. Zum Schluss mit Salz und Pfeffer abschmecken.

Tipp:
Knoblauch schälen kann ganz fix gehen: Die Knolle mit dem Wurzelansatz nach unten fest auf ein Brett klopfen. Jetzt lösen sich die Schalen ganz schnell.

Käsefrikadellen

5 altbackene Brötchen
1/2 Tasse fettreduzierte Milch
50 g Karotten
50 g Zwiebeln
50 g Champignons
50 g Zucchini
2 Eier
2 EL Quark
1 EL verschiedene Kräuter (TK)
80 g geraspelter Emmentaler
Pflanzenöl

Zutaten für 2 Personen

Vorbereitungszeit: 10 min.
Zubereitungszeit: ca. 10 min.

Die Brötchen in kleine Würfel schneiden und in der heißen Milch aufquellen lassen. Inzwischen die Karotten putzen, die Zwiebeln pellen, die Champignons waschen und trockentupfen. Dann Karotten, Zwiebeln und Zucchini feinraspeln, Champignons kleinhacken. Alles zusammen mit den Eiern, Kräutern und dem Quark zu einem geschmeidigen Teig verkneten. Zum Schluss den Käse unterkneten. Aus dieser Masse Frikadellen formen und in heißem Öl in der Pfanne ausbacken.

Tipp:
Dies ist auch ein leckeres Gericht für Nicht-Vegetarier.

Feldsalat mit gebratenem Feta

200 g Feldsalat
Himbeeressig
Walnussöl
Salz
2 kleine Zwiebeln
2 Knoblauchzehen
2 Pckg. Feta (je 200 g)
2 Eier
Paniermehl
Öl

Vorbereitungszeit: 5 min.
Zubereitungszeit: ca. 10 min.

Den Salat putzen, waschen und in einer Salatschüssel mit Essig, Walnussöl und Salz abschmecken. Dann auf vier Teller verteilen. Die Zwiebeln pellen, in feine Ringe schneiden, den Knoblauch schälen und feinhacken. Knoblauch und Zwiebelringe jeweils über dem Salat verteilen. Dann die Fetastücke jeweils einmal quer durchschneiden, im geschlagenen Ei und dem Paniermehl wälzen. In einer Pfanne das Öl erhitzen und die panierten Fetastücke von beiden Seiten goldbraun braten. Den gebratenen Feta über den Salat legen.

Dazu Stangenweißbrot reichen.

Tipp:
Paniermehl kann man ganz leicht in der Mikrowelle selbst herstellen. Einfach eine Scheibe Vollkornbrot und 1 Brötchen ca. 2 Minuten bei höchster Stufe in der Mikrowelle austrocknen lassen und anschließend zerreiben.

Aubergine mit Käsecurry

2 Auberginen
Olivenöl
200 g geriebener Käse
Salz
2 TL Curry
Petersilie

Vorbereitungszeit: 5 min.
Zubereitungszeit: ca. 15 min.

Die Auberginen in dicke Scheiben schneiden, salzen und in einer Pfanne mit reichlich Olivenöl von einer Seite goldbraun braten. In der Zwischenzeit den geriebenen Käse mit etwas Salz und Curry vermischen. Die Auberginenscheiben umdrehen und darauf das Käse-Curry-Gemisch verteilen. Einen Deckel auf die Pfanne legen und kurz den Käse zerlaufen lassen. Dann mit gehackter Petersilie bestreuen und warm servieren.

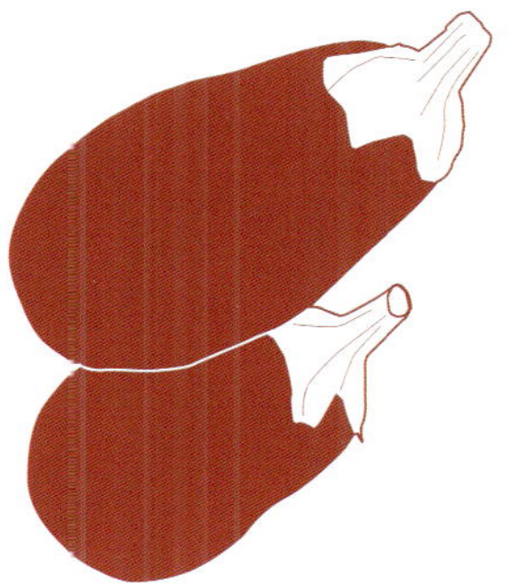

Tipp:
Die Auberginen verlieren beim Braten sehr viel Flüssigkeit, daher sollte man sie nicht zusammen mit anderen Gemüsesorten braten.

Fixe Hauptgerichte
(Fisch-, Fleisch-, Eier- und Nudelgerichte)

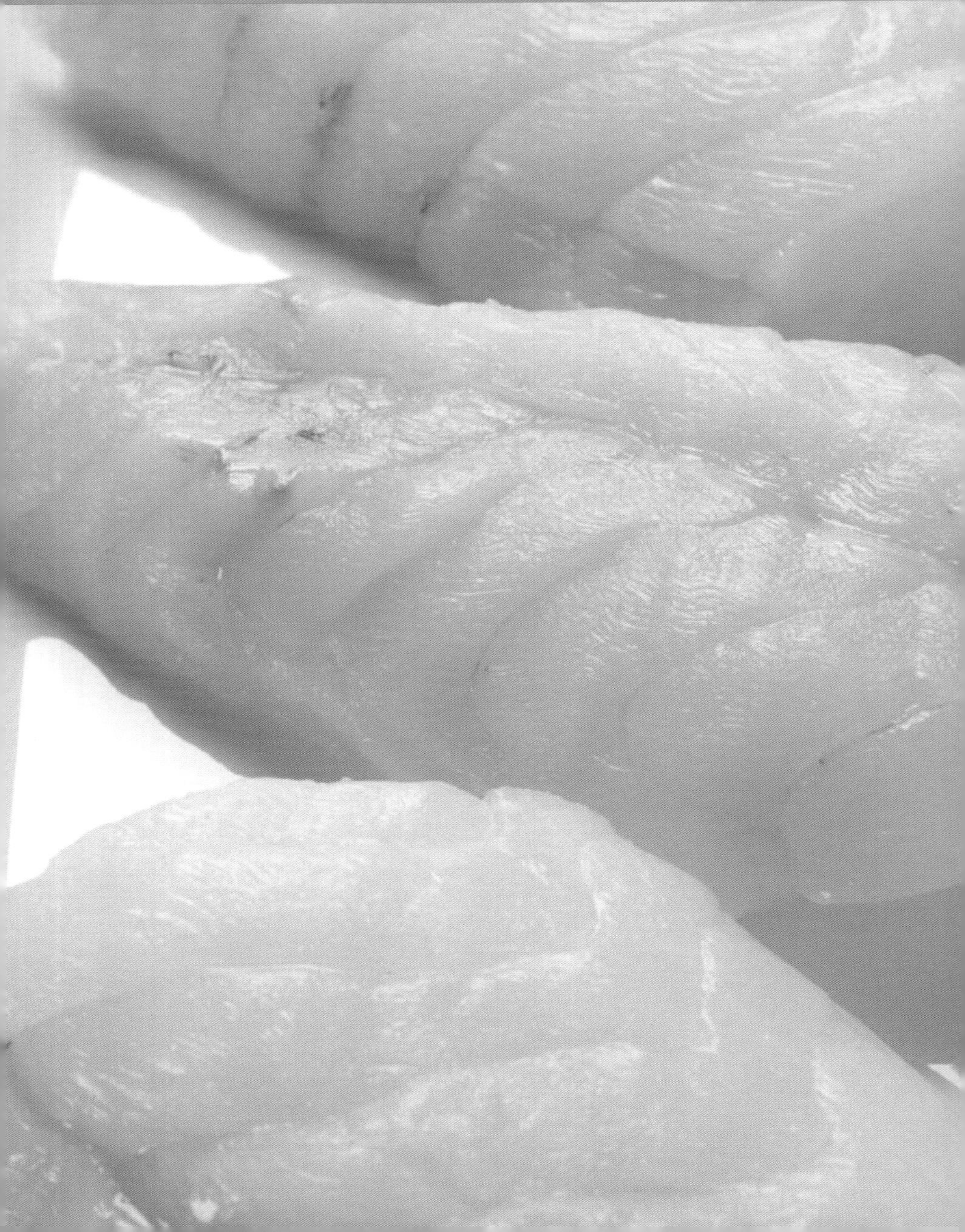

Scharfe Fischhappen

750 g Seelachsfilet (TK)
Salz, Pfeffer
30 g Mehl
2 EL Öl
3 Lauchzwiebeln
1 Dose Gemüsemais (212 ml)
200 ml Tomaten-Chili-Sauce
200 g Schmand
Salatblatt und Petersilie

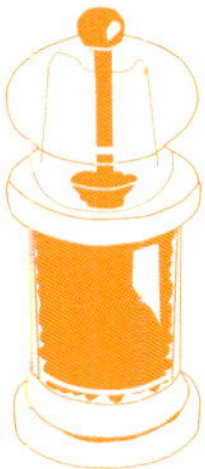

Auftauzeit beachten! !

Vorbereitungszeit: ca. 5 min.
Zubereitungszeit: 15 min.

Den Fisch waschen, trocknen und würfeln, mit Salz und Pfeffer würzen und die Stücke in Mehl wenden. In der Pfanne in heißem Öl ca. 8 Minuten goldgelb anbraten. Aus der Pfanne nehmen und warmstellen. Die Lauchzwiebeln in Ringe schneiden und den Mais abtropfen lassen. Beides im Bratenfett kurz dünsten. Zum Schluss die Tomaten-Chili-Sauce und den Schmand dazugeben und erhitzen. Alles anrichten und mit Salatblatt und Petersilie garnieren. Dazu reicht man Baguette.

Tipp:
Der Fisch ist gar, wenn das Fleisch beim Einstechen mit einem Messer weiß und fest ist.

Heringsstippe

8 Matjesfilets
1 Apfel
5 Gewürzgurken
4 mittlere Zwiebeln
1 Becher Schlagsahne
1 Becher Saure Sahne
1 Becher Schmand

Zubereitungszeit: 15 min.

Die Matjesfilets in Stücke zerteilen. Den Apfel schälen, entkernen, vierteln und in sehr dünne Scheiben schneiden. Die Gewürzgurken ebenfalls zu dünnen Scheiben verarbeiten. Die Zwiebeln schälen und feinwürfeln. Dann die Sahne und den Schmand verquirlen, mit den anderen Zutaten in eine Schüssel geben und vorsichtig durchmischen.

Dazu schmecken Brot oder frische Pellkartoffeln.

Tipp:
Gut gekühlte Heringsstippe schmeckt auch noch nach 2 Tagen lecker.

Kabeljaufilet mit Gemüse

1/2 mittelgroße Schmorgurke
1 kleine, rote Paprikaschote
1 kleine Zwiebel
etwas Butter
10 g Mehl
1/8 l Instant-Gemüsebrühe
2 EL Crème fraîche
200 g Kabeljaufilet (TK)
Saft einer Zitrone
1/2 Bund Schnittlauch
Salz, Pfeffer

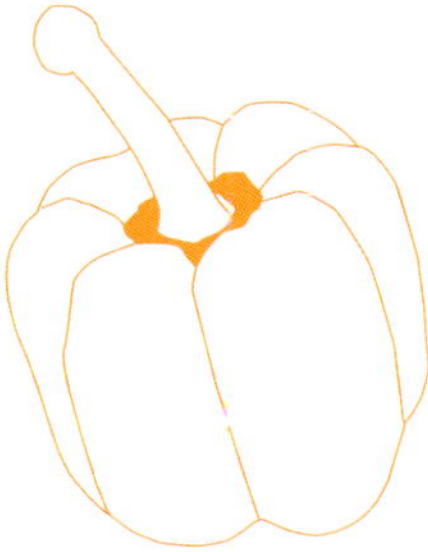

Auftauzeit beachten! !

Vorbereitungszeit: 5 min.
Zubereitungszeit: ca. 15 min.

Die Gurke schälen, halbieren, vorsichtig entkernen und in Streifen schneiden. Die Paprikaschote waschen, entkernen und würfeln, die Zwiebel schälen und ebenfalls zu Würfeln verarbeiten. In einer Pfanne Butter auslassen und das Gemüse darin ca. 5 Minuten dünsten, dann mit Mehl überstäuben und kurz anschwitzen lassen. Mit der angerührten Gemüsebrühe ablöschen. Crème fraîche unterrühren und weitere 5 Minuten köcheln lassen. Das Kabeljaufilet waschen, würfeln und mit Salz, Pfeffer und Zitronensaft würzen. Zum Gemüse geben und zugedeckt noch einmal 5 Minuten garen, dann den Schnittlauch darüber schneiden und anrichten. Dazu reicht man Reis.

Tipp:
TK-Fisch zum Auftauen in eine Schale mit etwas Milch legen. So entsteht kein Gefriergeschmack und der Fisch wird sehr viel zarter.

Gebratenes Seelachsfilet

1,5 kg Seelachsfilet (TK)
Saft einer halben Zitrone
1 Ei
7 EL Milch
80 g Mehl
Salz
150 g Butterschmalz zum Braten

! *Auftauzeit beachten!*

Vorbereitungszeit: 5 min.
Zubereitungszeit: 15 min.

Die Seelachsfilets abspülen, mit Küchenkrepp trockentupfen und mit Zitronensaft beträufeln. Ei, Milch, Mehl und etwas Salz zu einem geschmeidigen Teig verrühren, eventuell noch etwas Wasser dazugeben. Das Butterschmalz in einer Pfanne siedend heiß werden lassen. Anschließend die Filets kurz durch den Teig ziehen und auf beiden Seiten ca. 5 Minuten goldbraun braten. Mit einer Schaumkelle die knusprigen Filets aus dem Fett nehmen und noch heiß servieren.

Tipp:
Ideales Bratfett ist Butterschmalz. Es lässt sich sehr gut erhitzen, spritzt nicht, brennt nicht an und verleiht dem Bratgut gleichzeitig einen köstlichen Buttergeschmack.

Schnelle Knoblauch-Forelle

4 Forellen (TK)
Salz
Grillgewürz
Knoblauchgranulat
1 rote Paprika
3-4 mittelgroße Kartoffeln

Auftauzeit beachten! !

Vorbereitungszeit: 5 min.
Zubereitungszeit: 20 min.

Den Backofen auf 200° C vorheizen.

Die aufgetauten, gewaschenen und mit Küchenkrepp trockengetupften Forellen innen und außen mit Salz würzen. Danach die Fische zusätzlich außen mit Grillgewürz und Knoblauchgranulat von beiden Seiten einreiben und in eine große Pfanne legen. Die Paprika waschen, halbieren, entkernen, vierteln und um die Forellen herum verteilen. Die Kartoffeln schälen und in kleine Würfel schneiden, salzen und zu den Paprikastückchen geben.

Ein Glas Wasser in die Pfanne gießen und ca. 20 Minuten im Backofen garen.

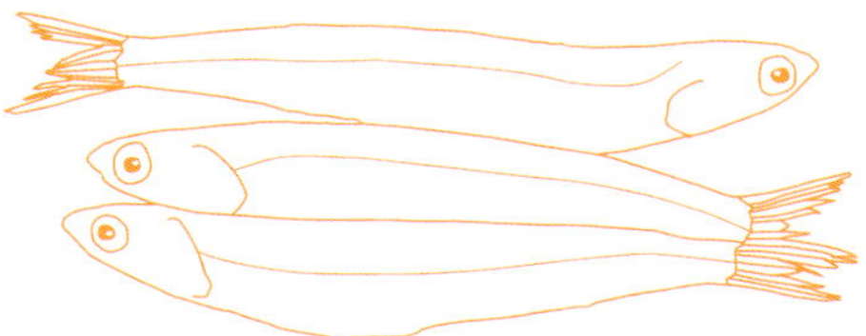

Tipp:
Den Fisch eine halbe Stunde vor dem Braten in etwas Zitronensaft oder Essig ziehen lassen, das macht das Fleisch weiß und fest.

Curry-Apfel-Kabeljau

300 g Rotbarsch (TK)
Saft einer halben Zitrone
Salz
2 mittelgroße Zwiebeln
2 kleine säuerliche Äpfel
1 Bund Lauchzwiebeln
Butterschmalz zum Braten
1 EL Speiseöl
1-2 TL Mehl
2-3 TL Curry
150 ml Apfelsaft
200 ml Instant-Gemüsebrühe

! *Auftauzeit beachten!*

Vorbereitungszeit: 5 min.
Zubereitungszeit: ca. 20 min.

Den angetauten Fisch waschen, trockentupfen, mit Zitronensaft beträufeln, leicht salzen und anschließend würfeln. Die Zwiebeln schälen und in Würfel zerteilen. Die Äpfel schälen, das Kerngehäuse entfernen und in Ringe schneiden. Dann die Lauchzwiebeln waschen und in etwa 3 cm lange Stücke schneiden. Das Butterschmalz in einer großen Pfanne erhitzen, Zwiebeln und Äpfel dazugeben, alles kurz andünsten und herausnehmen. Danach 1 EL Öl in der Pfanne erhitzen, den Fisch mit Mehl bestäuben und in die Pfanne legen. Ca. 10 Minuten braten. Nach 5 Minuten mit Curry bestreuen und weiterbraten. Dann alles mit Apfelsaft und der angerührten Gemüsebrühe ablöschen. Gedünstete Zwiebeln und Äpfel dazugeben und das Ganze weitere 5 Minuten köcheln lassen. Zum Schluss nochmals mit Salz abschmecken.

Tipp:
Fisch erst in die Pfanne geben, wenn das Butterschmalz richtig heiß ist, so zerfällt er nicht. Anschließend sofort die Temperatur reduzieren, denn durch seine feine Struktur braucht Fisch nur mäßige Hitze, um gar zu werden.

Überbackene Hähnchenbrust

4 Hähnchenbrustfilets (TK)
30 g Kräuterbutter
4 Tomaten
4 Zweige Thymian
8 schwarze Oliven
250 g Mozzarella
Salz, schwarzer Pfeffer

Auftauzeit beachten! !

Vorbereitungszeit: 10 min.
Zubereitungszeit: 10 min.

Den Backofen auf 220° C vorheizen.

Das Fleisch abspülen, trocknen und mit Salz und schwarzem Pfeffer würzen. Die Butter in einer Pfanne erhitzen, die Hähnchenbrustfilets kurz von beiden Seiten darin anbraten und anschließend in eine beschichtete Auflaufform legen. Die Tomaten waschen, in Scheiben schneiden und auf das Fleisch legen. Salzen, pfeffern und mit Thymianblättchen belegen. Die Oliven entsteinen, hacken und darüber streuen. Den Mozzarella in Scheiben schneiden, die Tomaten damit belegen und grob mit Pfeffer bestreuen. Im Backofen etwa 10 Minuten auf der Mittelschiene überbacken.

Tipp:
Für dieses Rezept eignen sich »Mozzarella Bambini« sehr gut. Dabei handelt es sich um kleine Mozzarellakugeln, die ungefähr so groß wie Cocktailtomaten sind.

Hähnchenbrust mit Knoblauch und Koriander

4 kleine Hähnchenbrustfilets (TK)
1 Zwiebel
2 Knoblauchzehen
2 EL gehackte Korianderblätter
2 EL Butter
Salz, Pfeffer

! *Auftauzeit beachten!*

Vorbereitungszeit: 5 min.
Zubereitungszeit: 15 min.

Die Hähnchenbrustfilets in kleine Stücke schneiden. Den Knoblauch und die Zwiebeln pellen, feinhacken und anschließend in einer Pfanne mit Butter leicht anbraten. Die Fleischstückchen dazugeben und gar braten. Den Koriander unterrühren und mit Salz und Pfeffer würzen. Falls eine Sauce erwünscht ist, mit Weißwein ablöschen.

Tipp:
Koriander kann hier auch durch Thymian ersetzt werden.

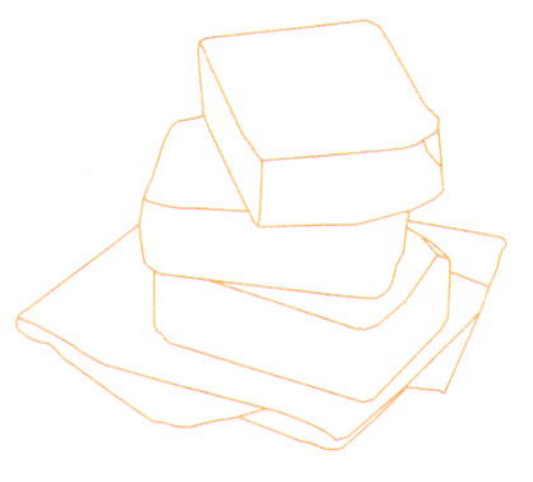

Minutensteak mit Käsesauce

100 g durchwachsener Speck
2 Gewürzgurken
50 g Butter
2 EL Tomatenmark
1/4 l Weißwein
150 g Emmentaler
Petersilie
4 Minutensteaks
Öl zum Anbraten
Salz, Pfeffer

Vorbereitungszeit: 10 min.
Zubereitungszeit: 10 min.

Für die Sauce den Speck in Streifen schneiden. Die Gewürzgurken gut abtropfen lassen und in Stifte schneiden. Die Butter in einem Topf erhitzen und die Speckstreifen darin knusprig braten. Dann die Gurkenstifte unterrühren. Tomatenmark und Weißwein miteinander verquirlen und unter Rühren in den Topf geben. Alles mit Salz und Pfeffer würzen. Dann 4 Minuten köcheln lassen und anschließend warmstellen.

Den Käse in kleine Stückchen schneiden. Die Petersilie waschen, trockenschütteln und feinhacken. Die Steaks abspülen und mit Küchenkrepp trockentupfen. Anschließend das Öl in einer Pfanne sehr heiß werden lassen und die Steaks darin von beiden Seiten ca. 4 Minuten anbraten. Mit Salz und Pfeffer würzen und auf vorgewärmten Tellern anrichten. Die Sauce nochmals erwärmen, aber nicht mehr kochen. Den Käse dazugeben und umrühren, bis er sich aufgelöst hat. Dann die Sauce über die Steaks verteilen und mit Petersilie garnieren.

Tipp:
Den Speckstreifen vor dem Braten einige Minuten in kaltes Wasser legen. Er wellt sich dann nicht so stark. Außerdem sollte man den Speck nur langsam erhitzen und mit einer Gabel mehrmals einstechen, so schrumpft er weniger zusammen.

Filetspieße

2 Scheiben Ananas aus der Dose
400 g Schnitzelfleisch
175 g durchwachsener Speck
4 Zwiebeln
2 Bananen
4 EL Öl
4 TL Currypulver

Vorbereitungszeit: 5 min.
Zubereitungszeit: 15 min.

Die Ananasscheiben gründlich abtropfen lassen und in Achtel schneiden. Das Fleisch und den Speck würfeln. Die Zwiebeln pellen und je nach Größe vierteln oder achteln. Dann die Bananen schälen und in Scheiben schneiden. Nun alle Zutaten abwechselnd auf Holzspieße stecken. Das Öl in einer Pfanne sehr heiß werden lassen und die Spieße darin rundherum braten. Kurz vor Ende der Bratzeit mit Curry bestreuen und nochmals wenden. Dazu Reis servieren.

Tipp:
Curry findet seinen Ursprung in Indien. Currypulver ist eine Gewürzmischung aus bis zu 60 verschiedenen Einzelgewürzen. Die gelbe Farbe kommt von dem meist großzügig verwendeten Kurkuma.

Schnitzel mit Kräuterkruste

4 Schweineschnitzel
Fett zum Braten
Salz, Pfeffer
100 g geriebener Käse
2 EL Senf
frische Kräuter (wie Petersilie, Schnittlauch und Basilikum)
2 EL Paniermehl
3 EL Weinbrand

Vorbereitungszeit: 5 min.
Zubereitungszeit: 15 min.

Den Backofen auf 220° C vorheizen.

Das Fett in einer Pfanne erhitzen und das Fleisch darin von beiden Seiten kräftig anbraten. Anschließend mit Salz und Pfeffer würzen. Den geriebenen Käse mit dem Senf verrühren, die Kräuter waschen, trockenschütteln und sehr fein hacken. Paniermehl, Weinbrand, die Käse- Senf-Mischung und die Kräuter miteinander verrühren und auf die Schnitzel streichen. Anschließend die Kräuterschnitzel in eine flache, große und eingefettete Auflaufform legen und im Backofen goldgelb überbacken.

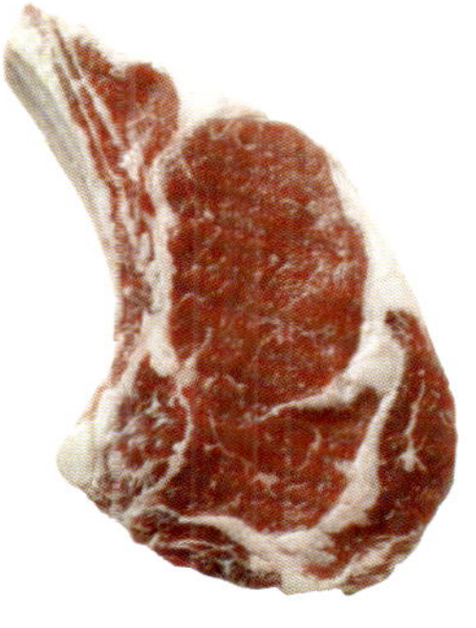

Tipp:
Damit die Oberfläche beim Überbacken nicht austrocknet, zusätzlich Fettflöckchen aus Butter oder Margarine darauf setzen oder alles mit etwas Öl beträufeln.

Wurstgulasch

4 Zwiebeln
2 rote Paprikaschoten
1 Zucchini
400 g Fleischwurst im Ring
3 EL Öl
Salz, Pfeffer

Vorbereitungszeit: 5 min.
Zubereitungszeit: 15 min.

Die Zwiebeln pellen und in Ringe schneiden. Die Paprikaschoten putzen, waschen, entkernen und in Streifen schneiden, die Zucchini waschen und in dünne Scheiben zerteilen. Die Fleischwurst grob würfeln, ohne Fett anbraten und beiseitestellen. Danach das Öl in einer Pfanne erhitzen und darin Zwiebelringe, Paprikastreifen und Zucchinischeiben fünf Minuten dünsten und mit Salz und Pfeffer würzen. Zum Schluss die Fleischwurst hinzufügen und nochmals erwärmen. Dazu reicht man Kartoffelbrei.

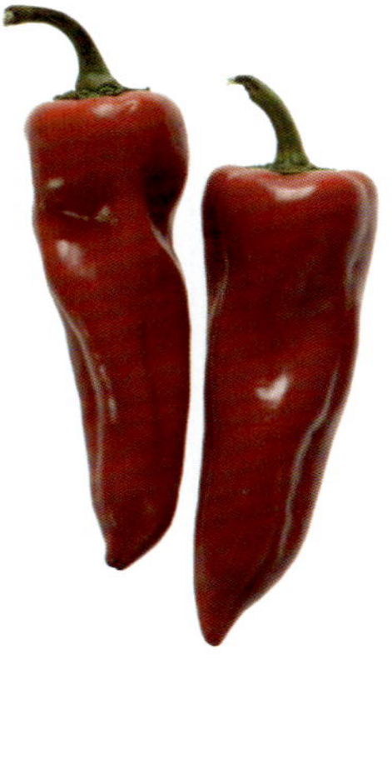

Tipp:
Statt Fleischwurst kann man auch in Scheiben geschnittene Wiener Würstchen oder Bockwurst verwenden.

Schnelle Schnitzel-Pfanne

4 Schnitzel
4 Zwiebeln
1 große Dose Champignons
Salz, Pfeffer
Paprika
Knoblauchpulver
10 g Schmalz
400 g Pommes frites für den Backofen
etwas Soßenextrakt

Vorbereitungszeit: 5 min.
Zubereitungszeit: 15 min.

Die Schnitzel in Streifen schneiden. Die Zwiebel pellen und in Ringe zerteilen. Anschließend alles mit den abgetropften Champignons vermengen und nach Geschmack mit Salz, Pfeffer, Paprika und Knoblauchpulver würzen.

Das Schmalz in einer Pfanne erhitzen. Dann die Schnitzelstreifen, Zwiebelringe und Champignons hineingeben und zugedeckt 10 Minuten dünsten, danach die Pommes frites dazugeben und weitere 5 Minuten ohne Deckel braten. Zwischendurch umrühren. Das Soßenextrakt mit etwas Wasser anrühren, in die Pfanne füllen, nochmals gut umrühren und kurz aufkochen lassen.

Tipp:
Frische Champignons verfeinern den Geschmack dieser Mahlzeit.

Gekochte Eier in Speckstippe mit Senf

3 Zwiebeln
200 g durchwachsener Speck
50 g Butter
ca. 2 gehäufte EL Mehl
etwas gekörnte Brühe
1 Becher Senf (je nach Geschmack)
Zucker
4 hartgekochte Eier

Vorbereitungszeit: 5 min.
Zubereitungszeit: 15 min.

Die Zwiebeln schälen und mit dem Speck zu kleinen Würfeln verarbeiten. In einem Topf in der heißen Butter die Speckwürfel auslassen und knusprig braten. Dann die Zwiebelwürfel hinzufügen und goldgelb dünsten. Alles mit Mehl bestäuben und nochmals etwas einbrennen lassen. Dann alles mit ca. 1 l Wasser auffüllen und nach dem Aufkochen etwas gekörnte Brühe (ca. 1/2 bis 1 EL) dazugeben. Senf je nach Geschmack hinzufügen und mit Zucker abschmecken. Die gepellten Eier in die Sauce geben und kurz mit aufwärmen.

Tipp:
Statt mit Senf kann man dieses Gericht auch süßsauer mit Essig und Zucker zubereiten.

Knoblauchomelette

1-2 Knoblauchzehen
1 grüne Chilischote
1 Zwiebel
Öl zum Anbraten
2 Eier
1/2 TL Kreuzkümmel
2 EL Schnittlauch
2 EL Schlagsahne
Salz, Pfeffer

Zutaten für 1 Person

Vorbereitungszeit: 5 min.
Zubereitungszeit: 5 min.

Die Knoblauchzehen und die Chilischote sehr fein hacken. (Die Chilischote vorher entkernen!) Die Zwiebel schälen und in kleine Würfel schneiden. Das Öl in der Pfanne sehr heiß werden lassen und darin die Knoblauch-, Chili- und Zwiebelstückchen anbraten. Die Eier mit den Gewürzen, dem Schnittlauch und der Sahne verrühren. Die Mischung noch einmal kräftig schaumig schlagen und sofort zu den Zwiebeln geben. Alles stocken lassen und sofort servieren.

Tipp:
»Iss kein Ei mit einer ›3‹, denn es kommt aus Quälerei!« Achten Sie beim Kauf von Eiern auf die Güteklasse. Eier mit einer 3 am Anfang stammen aus Käfighaltung.
0 = Biohaltung,
1 = Freilandhaltung,
2 = Bodenhaltung,
3 = Käfighaltung.

Eierfrikassee

30 g Butter
30 g Mehl
1/2 l Milch
125 g Kräuterschmelzkäse
2 EL gehackte Petersilie
1 EL Schnittlauchröllchen
125 g gekochter Schinken
6 hartgekochte Eier
Salz, Pfeffer

Vorbereitungszeit: 5 min.
Zubereitungszeit: 10 min.

Die Butter in einer Pfanne erhitzen, das Mehl darin anschwitzen und mit der Hälfte der Milch ablöschen. Den Schmelzkäse unterrühren, restliche Milch hinzufügen und aufkochen. Danach die Kräuter dazugeben und die Sauce mit Salz und Pfeffer abschmecken.

Zum Schluss den Schinken würfeln, die Eier in Achtel schneiden, in die Soße geben und heiß werden lassen, aber nicht mehr kochen. Nochmals abschmecken. Dazu reicht man Reis.

Tipp:
Zu diesem Gericht passen auch sehr gut in Butter geschwenkte Petersilienkartoffeln.

Überbackene Ravioli

2 Dosen Ravioli
4 EL Schlagsahne
etwas Butter
4 EL Semmelbrösel
4 EL geriebener Käse

Vorbereitungszeit: 5 min.
Zubereitungszeit: ca. 12 min.

Den Backofen auf 200° C vorheizen.

Die Ravioli aus der Dose mit der Sahne mischen. Eine feuerfeste Auflaufform dick mit Butter einstreichen und die Ravioli darin verteilen. Semmelbrösel und Käse miteinander vermischen und über die Ravioli streuen. Mit Butterflöckchen besetzen und ca. 12 Minuten im Ofen überbacken, bis sich eine goldbraune Kruste gebildet hat.

Tipp:
Zum Überbacken von Aufläufen sind ältere Käsesorten am geeignetsten. Sie schmecken kräftiger und ziehen beim Erhitzen keine Fäden.

Spaghetti mit Lauchcurry

600 g Gabelspaghetti
Salz
2 Stangen frischer Lauch
500 g Hackfleisch
Fett zum Braten
Instant-Gemüsebrühe
Curry

Vorbereitungszeit: 5 min.
Zubereitungszeit: 15 min.

Die Nudeln nach Packungsanweisung in Salzwasser bissfest kochen. Den Lauch putzen und kleinschneiden. Anschließend das Hackfleisch im heißen Fett anbraten, den Lauch hinzugeben und weiterbraten, bis auch der Lauch gar ist. Die Nudeln abgießen und unter die Hackfleisch-Lauch-Masse mengen. Mit der angerührten Brühe und viel Curry abschmecken.

Tipp:
Nudeln bekommen ein pikantes Aroma, wenn man dem Kochwasser einige Tropfen Tabasco hinzufügt.

Spaghetti mit Thunfisch-Sauce

600 g Spaghetti
2 Dosen Thunfisch in Öl
2 Zwiebeln
1 Becher Schlagsahne
4 EL Parmesan
Salz, Pfeffer
geriebene Muskatnuss

Die Spaghetti nach Packungsanweisung bissfest kochen. In der Zwischenzeit etwas Öl aus einer Thunfisch-Dose in einen Topf geben und die gehackten Zwiebeln darin anschwitzen. Den Thunfisch und das restliche Öl zugeben und kurz anbraten. Anschließend die Sahne und den geriebenen Parmesan dazugeben. Alles mit Salz, Pfeffer und geriebener Muskatnuss abschmecken. Die Spaghetti abgießen, auf Teller verteilen und mit der Sauce übergießen.

Vorbereitungszeit: 10 min.
Zubereitungszeit: 10 min.

Tipp:
Parmesankäse, italienisch »Parmigiano«, hält sich im wärmsten Teil des Kühlschranks ca. drei Wochen lang, wenn er in einem Plastikbeutel vor Austrocknung geschützt ist. Dieser Beutel sollte dabei möglichst oft gewechselt werden. Parmesan sollte immer erst unmittelbar vor der Verwendung gerieben werden, da er sonst viel von seinem wunderbaren Aroma verliert.

Nachspeisen und Desserts

Bananeneisdessert

4 Bananen
100 g Mehl
4 EL Butter
fertige Karamellsoße
4 Kugeln Vanilleeis

Zubereitungszeit: 10 min.

Die Bananen schälen und der Länge nach halbieren. In Mehl wälzen und in einer Pfanne in der ausgelassenen Butter goldbraun braten.

Anschließend jeweils 2 Hälften auf Tellern verteilen und mit der Karamellsauce beträufeln. Zwischen die Bananenhälften jeweils 1 Kugel Vanilleeis setzen.

Tipp:
Ersetzen Sie das Vanilleeis durch Schokoladeneis und bestreuen Sie anschließend alles mit Schokosplittern.

Orangensalat mit Äpfeln und Marzipan

250 g Äpfel
500 g Orangen (Fruchtfleisch)
2 EL Zitronensaft
50 g *Marzipanrohmasse*
1 EL Honig
3 EL Amaretto
5 EL Schlagsahne
8 Walnüsse

Zubereitungszeit: 15 min.

Die Äpfel schälen, vom Kerngehäuse befreien, in dünne Scheiben schneiden und mit Zitronensaft beträufeln. Die Orangen schälen und filetieren. Danach die Marzipanrohmasse mit dem Honig und dem Likör sowie der Sahne verrühren. Die Mischung unter die Früchte heben und mit Walnusskernen garnieren.

Tipp:
Marzipanrohmasse besteht aus Puderzucker, gemahlenen Mandeln und Rosenwasser. Sie lässt sich also auch sehr leicht selbst herstellen. Hat man kein Rosenwasser, kann man stattdessen einige Tropfen Bittermandelöl verwenden.

Pudding-Quarkcreme-Dessert

1 Päckchen Vanillepuddingpulver
50 g Zucker
500 ml Milch
250 g Quark
150 g in Rum eingeweichte Rosinen
125 ml Schlagsahne
1 Päckchen Vanillezucker

Zubereitungszeit: 20 min.

Zunächst das Puddingpulver und den Zucker vermischen und mit 4 EL Milch anrühren. Die restliche Milch aufkochen, von der Herdplatte nehmen und die Puddingmasse sofort einrühren. Unter ständigem Rühren nochmals aufkochen, anschließend vom Herd nehmen und abkühlen lassen. Den Quark und die abgetropften Rosinen unter den noch warmen, aber nicht mehr heißen Pudding rühren. Zum Schluss Schlagsahne und Vanillezucker sehr steif schlagen und unter die inzwischen völlig abgekühlte Creme ziehen.

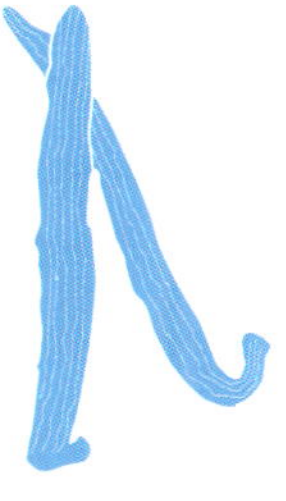

Tipp:
Rosinen werden herrlich weich, wenn man sie vor der Zubereitung eine halbe Stunde in Zitronensaft einlegt.

Pfirsich-Schmand-Dessert

8 Pfirsichhälften aus der Dose
brauner Zucker
1 Becher Schmand
Zimt

Zubereitungszeit: 8 min.

Dieser Nachtisch eignet sich super für unverhofften Besuch und ist schnell zubereitet.

Die Pfirsiche über einem Sieb abtropfen lassen und mit der Kernöffnung nach oben auf einen mikrowellengeeigneten Teller legen. Jede Pfirsichhälfte mit etwas braunem Zucker bestreuen und in der Mikrowelle ca. 2-4 Minuten (je nach Leistung) erhitzen. Anschließend auf jede Pfirsichhälfte 1 EL Schmand geben und mit Zimt bestreuen.

Tipp:

Brauner Zucker ist ein Halbfertigprodukt des Rohr- oder Rübenzuckers. Seine Zuckerkristalle sind noch nicht vollständig vom anhaftenden Sirup befreit, daher kommt seine braune Farbe. Dieser Zucker enthält noch Vitamine, Mineralien und Stoffe, die dem Zucker ein zusätzliches Aroma verleihen.

Mascarpone-Creme mit Äpfeln

125 g Mascarpone
125 g Magerquark
1/2 TL gemahlener Zimt
1 EL Puderzucker
1 1/2 EL Zitronensaft
1/2 Pckg. Vanillezucker
2 Äpfel
125 g Apfelmus (aus dem Glas)
50 g Löffelbiskuit
Apfelscheiben zum Garnieren

Zubereitungszeit: 10 min.

Mascarpone, Magerquark, Zimt, Puderzucker, 1 EL Zitronensaft und Vanillezucker gut verrühren. Die Äpfel schälen, vierteln, entkernen, feinwürfeln und mit 1/2 EL Zitronensaft und dem Apfelmus vermengen. Die Löffelbiskuits zerbröseln. Anschließend zusammen mit der Apfelmusmasse und der Creme schichtweise in Dessertgläser füllen und mit Apfelscheiben garnieren.

Tipp:

Dieses Dessert auf jeden Fall bis zum Servieren im Kühlschrank aufbewahren.

Zabaione

6 Eier
80 g Zucker
abgeriebene Schale einer Zitrone
25 ml Marsala

Zubereitungszeit: 15 min.

Zunächst Eier, Zucker und Zitronenschale in eine dünnwandige Schüssel geben und mit dem Schaumschläger so lange rühren, bis die Masse hell und cremig ist. Dann den Marsala daruntermischen und im knapp siedenden Wasserbad alles zu einem steifen Schaum schlagen. Danach die Schüssel aus dem Wasserbad nehmen und den festen Schaum weitere 2 Minuten schlagen. Sofort in 4 Dessertgläser füllen und servieren.

Tipp:
Die Zabaione nach Belieben mit gerösteten Mandeln oder Schokoraspeln bestreuen.

Kaffeecreme mit Himbeeren

3/8 l Sahne
3 EL Zucker
1 EL Instant-Kaffeepulver
2 EL Rum
500 g Himbeeren
1 Pckg. Vanillezucker
1-2 EL Zitronensaft
50 g Amaretti
Himbeeren zum Garnieren

Zubereitungszeit: 10 min.

Die Sahne mit 2 EL Zucker und Kaffeepulver cremig aufschlagen und anschließend den Rum unterziehen. Dann die Himbeeren mit einer Gabel zerdrücken und mit 1 EL Zucker, Vanillezucker und Zitronensaft verrühren. Die Amaretti grob zerbröseln und mit der Kaffeecreme und den marinierten Himbeeren abwechselnd in Gläser füllen und bis zum Servieren kaltstellen. Vor dem Servieren mit Himbeeren garnieren und mit Zucker bestreuen.

Tipp:

Amaretti sind Mandelmakronen und stammen aus Italien. Es gibt aber auch Amaretto als Mandellikör.

Aldidente KOCHEN ■■■ MACHT SPASS!

Gabriele Rescher
Aldidente – Fix & lecker
Die besten 20-Minuten-Rezepte
ISBN 3-8218-6001-4

Christina Hucke
Die Wohlfühlküche
Gesunde und leichte Rezepte für jeden Tag
ISBN 3-8218-6005-7

Anne Enderlein/Cornelie Kister
Aldidente – Friends & Family
Kochen für viele Gäste
ISBN 3-8218-6000-6

- Vierfarbig
- Trendige Themen
- Viele Rezepte
- Superpreis

Alle Bände:
64 Seiten, broschiert
Mit Abbildungen
Euro 5,95 (D) sFr 10,– Euro 6,20 (A)

Gabriele Rescher
Aldidente – Auf die Pasta, fertig, los!
Die besten Nudelrezepte
ISBN 3-8218-6002-2

Gertrude Fein
Aldidente – Wunder-Wok
Schnell, gesund und knackig kochen
ISBN 3-8218-6003-0

Betty Laube
Genießen wie am Mittelmeer
Die leichte Küche aus dem Süden
ISBN 3-8218-6006-5

Eichborn
Kaiserstraße 66
60329 Frankfurt/Main
Tel. 069/25 50 03-0
Fax 069/25 60 03-30
www.eichborn.de

Wir schicken Ihnen gern ein Verlagsverzeichnis.